101 razões por que o seu homem veio do céu...
e por que ele veio do inferno

101 razões por que o seu homem veio do céu...
e por que ele veio do inferno

Dra. Kristina Downing-Orr

Tradução
Denise de C. Rocha Delela

Ilustrações
Neil Kerber

EDITORA CULTRIX
São Paulo

Título original: *101 reasons why your man's from heaven... and why he's from hell.*

Copyright © 2003 Dra. Kristina Downing-Orr

Copyright das ilustrações © 2003 Neil Kerber

Publicado pela primeira vez na Grã-Bretanha em 2003 por Robson Books, uma divisão da Chrysalis Books Group plc, The Chrysalis Building, Bramley Road, Londres W10 6SP, UK.

Todos os direitos reservados. Nenhuma parte deste livro pode ser reproduzida ou usada de qualquer forma ou por qualquer meio, eletrônico ou mecânico, inclusive fotocópias, gravações ou sistema de armazenamento em banco de dados, sem permissão por escrito, exceto nos casos de trechos curtos citados em resenhas críticas ou artigos de revistas.

O primeiro número à esquerda indica a edição, ou reedição, desta obra.
O primeiro número à direita indica o ano em que esta edição, ou reedição, foi publicada.

Edição	Ano
1-2-3-4-5-6-7-8-9-10-11	05-06-07-08-09-10-11

Direitos de tradução para a língua portuguesa
adquiridos com exclusividade pela
EDITORA PENSAMENTO-CULTRIX LTDA.
Rua Dr. Mário Vicente, 368 – 04270-000 – São Paulo, SP
Fone: (11) 6166-9000 – Fax: (11) 6166-9008
E-mail: pensamento@cultrix.com.br
http://www.pensamento-cultrix.com.br

Impresso em nossas oficinas gráficas.

Para homens e mulheres
de todos os lugares do mundo
que já sofrem há muito tempo.

Agradecimentos

Eu gostaria de agradecer aos meus editores, Jane Donovan e Jeremy Robson, e ao meu cartunista, Neil Kerber, que conspiram comigo na guerra dos sexos.

    Dra. Kristina Downing-Orr

50

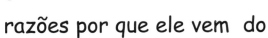

razões por que ele vem do

céu...

1. Ele é indispensável quando se trata de programar o seu vídeo...

2. ... seu aparelho de som e...

3. ... seu computador E não gritará com você por não ter lido o manual de instruções antes de pedir a ele.

4. Ele não deixará que vendedores insistentes importunem você.

5. Ele sabe uma coisinha e outra sobre carros.

6. Ele é alto o bastante para trocar a lâmpada, empoleirado no último degrau da escada.

7. Ele é bom para a mãe dele.

8. Ele é bom para a sua mãe, também.

9. Ele até suporta o seu pai.

10. Ele está sempre disposto a dar uma mãozinha com as sacolas de compras.

11. Ele se livrará daquela aranha na banheira.

12. Ele sabe colocar prateleiras na parede.

UM POUCO MAIS PARA A ESQUERDA, NÃO, PARA A DIREITA, AGORA SÓ UM POUCO PARA A ESQUERDA E PARA BAIXO, PARA CIMA, PARA A DIREITA, DESÇA SÓ UM POUCO, NÃO, PARA CIMA E PARA A ESQUERDA...

13. Ele se preocupa quando você fica fora de casa até tarde.

14. Ele dá conta do jantar.

15. Ele telefonará para o seu trabalho, dizendo que você está doente, quando você não conseguir se levantar da cama pela manhã.

16. Ele serve de motorista quando você precisa cumprir algumas tarefas de rotina.

17. Ele pode mudar os móveis de lugar para você.

18. Às vezes ele comprará flores para você só porque você merece.

19. Ele concorda com você quando diz que Gisele Bündchen é magra demais e nem um pouco sexy.

20. Ele lhe traz suco de laranja e a sua revista favorita quando você não está se sentindo bem.

21. Ele lhe diz o quanto você está linda quando se arruma toda para sair.

22. Ele gosta de você até mesmo quando está circulando por aí vestindo aquele jeans esfarrapado.

23. Ele lhe dirá que você está maravilhosa mesmo nos dias em que você acorda se sentindo gorda.

24. Ele carrega toda a bagagem nas férias.

25. Ele esquenta a cama à noite.

26. Você não é mais uma "solteirona frustrada".

27. Você tem com quem sair toda sexta-feira à noite.

28. Ele entende o seu senso de humor.

29. Ele sempre dará uma mãozinha aos seus amigos, até aos mais irritantes.

30. Ele dirá que você não ganhou peso, mesmo quando você sabe que isso não é verdade.

31. Ele agüentará você mesmo quando estiver com TPM.

32. Ele telefonará para você antes de uma reunião só para desejar boa sorte.

33. Ele massageará seus pés depois que você tiver um longo dia de trabalho.

34. Ele diz que a ama DEPOIS do sexo.

35. Embora aprecie o fato de você ser uma mulher forte e independente, ele ainda a trata como uma dama.

36. Ele dirá que "eles não sabem o que estão perdendo" quando você não conseguir o emprego que queria.

37. Ele ficará acordado a noite inteira para ajudá-la a fazer aquele relatório importantíssimo.

ELE DEVE TER OUVIDO VOCÊ ME CHAMANDO DE SEU MELHOR AMIGO E COMPANHIA PREDILETA!

38. Ele é o seu melhor amigo e a sua companhia predileta.

39. Ele compreende que você precisa FALAR sobre os seus problemas.

40. Ele buscará você no aeroporto no meio da madrugada.

41. Ele fica muito bem vestindo um blazer.

42. Ele sabe quando assumir o comando da situação.

43. ... e quando não assumir.

44. Ele não implica quando você sai da dieta.

45. Ele sabe como é importante sair com as amigas.

46. Ele compreende que fazer compras é vital para a saúde mental.

47. Você sempre pode se agarrar a ele durante os filmes de terror.

48. E às vezes ele se agarrará a você.

49. Ele fará você se sentir ainda mais especial no seu aniversário...

50. ...e, outras vezes, pelo simples fato de que você é especial mesmo.

Ele sempre quer sexo.

50

razões por que ele vem do

inferno...

1. Ele faz parte secretamente do fã-clube de Jornada nas Estrelas.

2. Ele culpa seus hormônios TODA vez que você fica contrariada.

3. Ele nunca está a par das últimas tendências da moda.

4. Às vezes você jura que ele realmente é de Marte.

5. Ele acha que as tarefas domésticas cumprem-se a si mesmas.

6. Ele nunca quer assistir a um filminho água-com-açúcar.

7. Ele não vê nada de errado em usar meias brancas com sapatos sociais.

8. Ele não vai se lembrar da data em que vocês se conheceram.

9. Ele nunca se lembra de baixar a tábua do vaso sanitário.

10. Os esportes SEMPRE vêm em primeiro lugar.

11. Ele é incapaz de fazer várias coisas ao mesmo tempo.

12. Ele não tem nem um pouco de vontade de discutir a relação.

13. Ele parece achar que o banheiro é a sala de leitura particular dele.

14. Ele consegue comer apenas UM pedaço de chocolate e parar.

15. Ele cheira mal...

16. ...é peludo...

17. ...e ronca.

18. Na opinião dele, chega um momento na vida dos homens em que soltar gases vira um passatempo aceitável.

19. Ele não consegue entender sua obsessão por sapatos.

20. Ele jogaria videogame por horas e horas e horas.

21. Ele nunca consegue perceber quando você está chateada com ele.

22. Ele insiste em fazer aquele gesto ridículo de tocar uma guitarra invisível (e acha bacana).

23. Às vezes o personagem de Dustin Hoffman em *Rain Man* parece mais sensível e atencioso do que ele.

24. Ele não entende as emoções...

25. ... Na verdade, ele provavelmente não tem NENHUMA emoção.

26. Os homens podem ingerir mais calorias diariamente do que as mulheres.

27. Ele monopoliza o controle remoto.

28. Ele deixa um rastro de bagunça pela casa toda.

29. Ele não nota o novo corte de cabelo, caro e extravagante, que você fez.

30. Ele se recusa a pedir informações quando está perdido.

31. Ele não tem nem a mais leve preocupação com o fato de ter celulite.

32. Ele ainda age como se tivesse 8 anos de idade, embora tenha 30.

33. Você sabe que ele ainda agirá como se tivesse 8 anos mesmo quando tiver 40.

34. Ele insistirá em lhe dar conselhos depois de um dia de trabalho estafante, quando a única coisa que você quer é um abraço.

35. Ele se apropria de todas as cobertas.

36. Ele preferiria ficar o tempo todo vendo futebol...

37. ... o tempo todo jogando futebol...

38. ...Na realidade, ele de fato acredita que o futebol é muito mais importante do que a vida ou a morte.

39. Ele não gosta do seu gato e...

40. ... para ele, o seu gato não serve para nada.

41. Ele não admite quando está errado.

42. Ele odeia demonstrações públicas de afeto.

43. Ele compra lingerie sexy para você usar e faz de conta que é para *você*.

44. Ele se recusa a ser domesticado.

45. Ele insiste que lê a *Playboy* por causa das entrevistas.

46. Ele começa a consertar as coisas em casa e nunca termina.

47. Ele se comporta como se merecesse um prêmio por ter lavado a louça. Uma única vez.

48. Ele fica amuado e pisando duro cada vez que as coisas não são feitas do jeito dele.

49. Ele fica entediantemente repetitivo quando bebe demais.

50. E você já notou que muitas coisas ruins deste mundo nos lembram o sexo masculino? **Homens**truação, **homen**opausa, **homen**tira...